FRIEDENSPREIS DES DEUTSCHEN BUCHHANDELS 1979

Yehudi Menuhin

———

ANSPRACHEN

ANLÄSSLICH DER VERLEIHUNG DES FRIEDENSPREISES

DES DEUTSCHEN BUCHHANDELS

1979

BÖRSENVEREIN DES DEUTSCHEN BUCHHANDELS E. V.

FRANKFURT AM MAIN

© 1979 by Börsenverein des Deutschen Buchhandels e. V.
im Verlag der Buchhändler-Vereinigung GmbH
ISBN 3-7657-0900-X

Den Friedenspreis des Deutschen Buchhandels
verleiht der Börsenverein im Jahre 1979

YEHUDI MENUHIN

Die Musik ist für ihn ein Medium, um Völker,
Rassen und Zivilisationen einander näherzubringen. Wir ehren einen mutigen Mann und Idealisten,
der durch seine menschliche und künstlerische
Haltung und durch seine pädagogische Arbeit un-
beirrt für Gerechtigkeit und Versöhnung eintritt.

Mit ihm wird zum ersten Mal ein Interpret ausgezeichnet, der seine Kunst als Möglichkeit begreift,
die Stimme für Humanität und Frieden zu erheben.

BÖRSENVEREIN DES DEUTSCHEN BUCHHANDELS

Der Vorsteher

Rolf Keller

Frankfurt am Main, in der Paulskirche
am 14. Oktober 1979

1950 Max Tau
1951 Albert Schweitzer
1952 Romano Guardini
1953 Martin Buber
1954 Carl J. Burckhardt
1955 Hermann Hesse
1956 Reinhold Schneider
1957 Thornton N. Wilder
1958 Karl Jaspers
1959 Theodor Heuss
1960 Victor Gollancz
1961 Sarvepalli Radhakrishnan
1962 Paul Tillich
1963 Carl Friedrich Freiherr von Weizsäcker
1964 Gabriel Marcel
1965 Nelly Sachs
1966 Augustin Kardinal Bea
und Willem A. Visser 't Hooft
1967 Ernst Bloch
1968 Léopold Sédar Senghor
1969 Alexander Mitscherlich
1970 Alva und Gunnar Myrdal
1971 Marion Gräfin Dönhoff
1972 Janusz Korczak
1973 The Club of Rome
1974 Frère Roger, Prior von Taizé
1975 Alfred Grosser
1976 Max Frisch
1977 Leszek Kołakowski
1978 Astrid Lindgren
1979 Yehudi Menuhin

Rolf Keller
Vorsteher des Börsenvereins

Verehrter Herr Bundespräsident, Herr Ministerpräsident, Herr Oberbürgermeister, liebe Gäste, Freunde, Kollegen, hochverehrter Yehudi Menuhin.

Im Namen des Börsenvereins des Deutschen Buchhandels grüße ich Sie sehr herzlich.

Dreißig Jahre Friedenspreis des Deutschen Buchhandels: 1950 wurde Max Tau als erster ausgezeichnet. Es folgten Albert Schweitzer, Romano Guardini, Martin Buber, Carl J. Burckhardt, Hermann Hesse, Reinhold Schneider. Später kamen – und ich überspringe viele, sie und ihre Namen sind unvergessen – Theodor Heuss, Victor Gollancz, Nelly Sachs, Marion Gräfin Dönhoff, The Club of Rome, Alfred Grosser, Max Frisch, Leszek Kołakowski, Astrid Lindgren. Sie alle sind Männer und Frauen des Wortes, die auf ihre ganz eigene Weise durch ihre Werke versucht haben, für Menschlichkeit, Versöhnung und den Frieden zu wirken.

Mit dem dreißigsten Friedenspreis macht sich der deutsche Buchhandel selbst ein Geschenk: Wir zeichnen einen Mann aus, der nicht nur kraft des Wortes wirkt, sondern kraft *der* Sprache, die ohne Dolmetscher für jeden, der Ohren hat zu hören, verständlich ist. Wir zeichnen in Yehudi Menuhin den Menschen aus, der als Künstler für die ganze Welt sprechen kann, der den Frieden als das unverzichtbare Teil des menschlichen Glücks erkannt hat, der ohne Einschränkung für die Verständigung unter den Menschen, für Freundschaft und Freiheit eintritt. Der uns aufzurütteln vermag, die wir träge und taub sind. Für ihn ist die Stimme der Musik eine humanitäre Botschaft, eine einmalige Möglichkeit, Völker und Rassen, Kulturen und Nationen einander näherzubringen. Er ist einer der in unserer Welt selten gewordenen Idealisten mit reinem Herzen und unerschütterlichem Vertrauen in den Menschen, der angetreten ist, um mit seiner künstlerischen und pädagogischen Arbeit für Gerechtigkeit und Versöhnung zu wirken. Für den Frieden zu arbeiten, ihn als höchstes Gut den Menschen zu bewahren und damit konsequent und unbeirrbar seine Kunst und sich diesem Ziel unterzuordnen, ist ihm Maxime seines Denkens und Handelns.

Walter Wallmann
Oberbürgermeister der Stadt
Frankfurt am Main

Zur Verleihung des Friedenspreises des Deutschen Buchhandels 1979 an Yehudi Menuhin heiße ich Sie in der Paulskirche zu Frankfurt am Main willkommen.

Herzlich und dankbar zugleich begrüße ich Sie, sehr verehrter Herr Menuhin. Sie waren zu unserer aller Freude schon mehrmals Gast in unserer Stadt und haben durch Ihre Konzerte bei vielen Mitbürgern einen unauslöschlichen Eindruck hinterlassen.

Ich möchte in diesem Zusammenhang besonders an jenes Konzert im Jahre 1974 erinnern, das Sie zusammen mit Ihrer Schwester zugunsten des Wiederaufbaus der Alten Oper gegeben haben. Wofür Sie sich damals mit Ihrem Spiel so nachdrücklich eingesetzt haben, geht jetzt seiner Vollendung entgegen. Das schönste Opernhaus Deutschlands, wie es Benno Reifenberg einmal genannt hat, erwartet dann jenen großen Künstler und Menschen, den zu ehren wir heute zusammengekommen sind.

Seit der Friedenspreis des Deutschen Buchhandels verliehen wird, ist es das erste Mal, daß eine Persönlichkeit aus der Welt der Musik ausgezeichnet wird. Sie, sehr verehrter Herr Menuhin, repräsentieren wie kein anderer Künstler unserer Zeit die Musik als Mittel zur Versöh-

nung und zur Verständigung, als Chance zum Brücken-
schlag und zum Frieden.

Für Sie gilt, was Stefan Zweig vor über fünfzig Jahren
über einen anderen großen Humanisten, Romain Rol-
land, gesagt hat: »Ich glaube nicht, daß irgendein anderer
Künstler unserer Tage eine so reinigende, so stärkende und
beseelende Wirkung auf so viele Menschen gehabt hat.«

Hervorgegangen aus jener Welt jüdischer Humanitas,
wie sie von Joseph Roth so eindringlich beschrieben
wurde, haben Sie mit Ihrer Persönlichkeit und Ihrem
Werk den Versuch unternommen, Kulturen einander
näherzubringen, Gräben zuzuschütten und die Welt durch
Musik menschlicher zu machen.

Ihr Eintreten für Wilhelm Furtwängler ist in diesem
Lande unvergessen. Furtwänglers Name steht für viele,
denen Sie geholfen haben, in Deutschland, in Indien,
in Südafrika.

Sie haben einmal gesagt, daß Sie während Ihrer Arbeit
in Paris Menschen kennengelernt haben, die neben ihrer
Loyalität zu ihrer Heimat oder ihrem Staat bereits eine
Loyalität zur Menschheit entwickelt haben. Dies ist auch
die Essenz Ihres eigenen Lebens. Überzeugt davon, daß
die reichste Kultur aus einer Verbindung von Ost und
West erwächst, haben Sie Ihr ganzes Leben in den Dienst
der kulturellen Überwindung des Nationalstaates gestellt.

Wie der alte Graf Morstin in Joseph Roths wohl schön-
ster Erzählung »Die Büste des Kaisers« haben Sie immer
die ganze Welt als Ihre Heimat und Ihr Haus betrachtet.
»Ein Haus mit vielen Türen und vielen Zimmern für viele
Arten von Menschen. Man hat das Haus verteilt, gespal-
ten, zertrümmert.« Sie haben sich davon nicht abschrecken
lassen. Als Mensch wie als Künstler sind Sie Weltbürger
geblieben. Dafür danken wir Ihnen an diesem Tage.

Pierre Bertaux
Laudatio

Lieber Yehudi,

Du kennst das Gedicht von Rainer Maria Rilke:

> Errichtet keinen Denkstein. Laßt die Rose
> nur jedes Jahr zu seinen Gunsten blühn.
> Denn Orpheus ists. Seine Metamorphose
> in dem und dem. Wir sollen uns nicht mühn
>
> um andre Namen. Ein für alle Male
> ists Orpheus, wenn es singt.

Hier und heute wird Orpheus gefeiert. »Ein für alle Male ists Orpheus, wenn es singt.« Orpheus ists, seine Metamorphose in dem und dem. Ihm, dem ewigen, zeitlosen Orpheus in Gestalt eines mitten unter uns lebenden Menschen gebührte wohl einmal der Preis des Friedens. Sagten die Alten denn nicht, Orpheus habe durch seine Kunst nicht nur Steine und Bäume bewegt, sondern auch die wilden Bestien friedlich gestimmt? Sie kehrten in sich, und es ergab sich – Rilke wieder –,

daß sie nicht aus List
und nicht aus Angst in sich so leise waren,
sondern aus Hören. Brüllen, Schrei, Geröhr
schien klein in ihren Herzen.

Denn Orpheus schuf ihnen Tempel im Gehör.

Im uralten, orphischen Mythos der Griechen bändigte
die Musik die rohe Gewalt. Du, Yehudi, wußtest schon
immer, daß die Musik eine unter allen Umständen frie-
denstiftende Macht ist, hattest an sie geglaubt und
glaubst weiterhin an sie, übst sie in diesem Geiste un-
entwegt aus. Du sagtest einmal, Furtwänglers Fehler sei
es gewesen, die Macht der Musik überschätzt zu haben,
und – so fügtest Du hinzu – es sei wohl auch Dein eigener Fehler gewesen. Ist das nicht etwas zuviel der Be-
scheidenheit? Ist denn Optimismus ein Fehler? Wäre es
richtiger, wäre es weiser, Pessimist zu werden? Nein, es
sei von Fehler nicht die Rede, sondern höchstens von
einer ehrbaren und edelmütigen Fehleinschätzung: in der
Tat, die Musik allein vermag nicht alles.

Ja, von jeher warst Du ein überzeugter Partisan im
Dienste der pazifierenden Macht Musik. Wärest Du es
nicht, säßest Du heute nicht unter uns.

In einer Zeit unerbittlicher Kriege hast Du nie auf das
Schweigen der Kanonen und das Ende der Kämpfe ge-
wartet: sobald es eben ging, landetest Du – meistens im
Militärflugzeug – an Ort und Stelle bei den streitenden,
leidenden Menschen, um für sie zu spielen – sie, die im
Getöse taub zu werden drohten.

Während im September 1944 noch die Schlacht um
Arnhem wütete, gabst Du unweit davon, in Antwerpen,
ein Konzert.

Im Sommer 1945 spieltest Du zweimal im eben befreiten Konzentrationslager Bergen-Belsen, dessen Insassen noch der erlösenden Heimkehr harrten.

Im November des gleichen Jahres warst Du in Moskau, wo Kriegsstimmung herrschte, einige Monate später in Bukarest, wo noch König Michael regierte und die Amerikaner Besatzungsmacht waren; danach in Ungarn. Rumänien und Ungarn seien, sagtest Du, die einzigen Länder der Erde, in denen nie ein Despot oder gar ein politisches System die Nation symbolisiere, sondern allein die Musik. Dort, auf dem Balkan, wo mutmaßlich Orpheus und sein Mythos her sind, trug Orpheus in unserem Zeitalter die Namen Enesco, Bartók, Kodály – die Namen Deiner Freunde.

Dann aber, nach Amerika zurückgekehrt, setztest Du Dich für Furtwängler ein, dem in New York die jüdische Gemeinde seine künstlerische Tätigkeit während des Dritten Reiches zum Vorwurf machte.

Du selbst aber gingst als Jude, ja gerade darum, schon 1946 und 1947 mehrmals nach Berlin. Die Fanatiker unter den Juden warfen Dir Verrat vor. Pfiffe und Buhrufe begleiteten Deinen Auftritt. Du jedoch bliebst unbeirrbar und spieltest. Opheus gewann: man bat Dich um ein zweites Konzert. Du schilderst den Vorfall in Deinen Erinnerungen wörtlich so: »Die Zuhörer waren wie Schatten des Jenseits, die Orpheus erst nicht erkannten. Dann aber...«

In der Sprache der Tierbändiger schreibst Du: »Wenn man sein Leben lang vor dem Publikum gestanden hat, wachsen einem so etwas wie Antennen: man spürt, wie es reagiert und reagieren wird. Man empfindet Wellen der Geneigtheit oder der Feindseligkeit.« Und Du gibst eine praktische Anweisung, eben die des Dompteurs: einem wilden Tier und einem feindseligen Publikum nie den Rücken kehren, sonst wird es gefährlich; im Gegenteil, auf es einen Schritt zugehen.

Mut ist nämlich auch eine Form der Selbsterhaltung und der praktischen Weisheit. Die besitzest Du. Dies führt aber zu einer Erkenntnis, die auszusprechen hier durchaus am Platze ist. Frieden zu stiften ist keineswegs eine Sache der Feiglinge. Dazu gehört Mut, viel Mut; vielleicht mehr Mut, als gemeinhin aufgebracht werden muß, um in den Krieg zu gehen. Das aber macht die Sache nicht leichter.

1950 war der Staat Israel zwei Jahre alt. Dort hatte es Ärgernis erregt, daß Du in Berlin aufgetreten warst und nun versuchte man, Dich an Konzerten in Jerusalem zu hindern, indem man gar die Gefahr terroristischer Anschläge gegen Dich ins Treffen führte. Aber nichts dergleichen fruchtete, Deine Antwort lautete: »Gerade weil ich in Berlin gespielt habe, will ich auch in Israel spielen.« Und Du gabst unangefochten in zwölf Tagen vierundzwanzig Konzerte. Wieder einmal war es gewonnen. Das spricht für Orpheus, spricht für Dich – und spricht für Israel.

Doch wie war es gekommen, daß die Verbindung von Musik und Völkerversöhnung Dir zum Lebenselement und Lebensinhalt, daß Berufung zum Beruf geworden ist? »Das meiste«, sagt der Dichter, »vermag die Geburt, und der Lichtstrahl, der dem Neugeborenen begegnet.«

Ja, es lag Dir schon im Blut. Denn Du gehörst keiner Nation an, bist als Weltbürger geboren. Wo in der Welt bist Du zu Hause, im Westen, im Osten? Oder besser gefragt, wo bist Du eigentlich *nicht* zu Hause?

Du wurdest 1916 in Nordamerika, genauer gesagt in der Weltstadt New York, geboren, als Sohn russischer Eltern, die sich in Jerusalem kennengelernt hatten. Deine

Mutter Marutha war wohl, wie Dein Vater Moshe, russisch-jüdischer Herkunft. Doch fühlte sie sich eher tatarischer Tradition verpflichtet. So möblierte sie mit Absicht das große Wohnzimmer Eures Hauses in Ville d'Avray wie das Zelt eines asiatischen Khans: rundum an den Wänden nur Sofas, Ottomanen, Teppiche; in der Mitte ein freier Raum, wo eigentlich einzig die Zeltpflöcke noch fehlten. Keine Tische, keine Sessel, keine Stühle. Marutha sagte mir einmal: »Mein Vater war ein Reiter. Er stand, er lag oder er saß zu Pferde. Aber auf einen Stuhl sich setzen, das hat er nie getan.«

Und ich kann bezeugen, daß sie Dich im Familienkreis bei Gelegenheit »Yehudi Tscherkess Menuhin« nannte.

Es ist nicht ausgeschlossen, ja sogar wahrscheinlich, daß Tropfen des Blutes jenes Timur-Leng, auch Tamerlan genannt, eines der größten Eroberer der Weltgeschichte, in den Adern des heutigen Friedenspreisträgers fließen.

Auch Du hättest übrigens, unter anderen Verhältnissen, recht gut ein Kriegsheld werden können. Hattest Du Dich nicht einst gleich beim ersten Versuch mit einer Schußwaffe als treffsicherer Scharfschütze erwiesen? Mit Pfeil und Bogen hättest Du Dich bewährt – doch sind Bogen und Geige Deine eigene Waffe geworden.

Als echter Weltbürger, als fahrender Kosmopolit, gehörst Du keinem Volke an, läßt Dich keiner Kategorie oder Gruppe zuordnen. Du bist ein freier Mensch, frei wie die fernhinziehenden Schwalben. Deine einzige brüderliche Gemeinde bilden alle diejenigen, die, wo immer in der weiten Welt, hören können, ohne hörig zu sein. Ihre Heimat ist auch Deine: das Reich der Töne, das keine Grenzen kennt.

Sohn russischer Eltern, doch als Amerikaner geboren, holtest Du Dir eine Frau aus Australien. Später gingst

Du die zweite Ehe mit einer Europäerin ein, mit Diana, in deren englischer Heimat Du als amerikanischer und Schweizer Staatsangehöriger endlich ansässig wurdest. Lin Siao, Dein erster Enkel, ist der Sohn des Pianisten Fu Tsong und damit Sproß einer weithin bekannten chinesischen Gelehrtenfamilie.

Fahrendes Volk muß Sprachen beherrschen, vor allem und jedem. Bei den Menuhins sprach und spricht jeder fließend drei, vier, ja fünf Sprachen. Als Deine Schwester Hephzibah noch ein Kind war, übersetzte sie das Thalia-Fragment von Hölderlins *Hyperion* vom Deutschen ins Französische. Diese glänzende Arbeit ist heute noch unübertroffen. Deine andere, poetisch überaus begabte Schwester Yaltah verfaßte bereits mit elf Jahren Gedichte in drei Sprachen, scheinbar mühelos: ohne sichtbare Anstrengung alles, wie im Spiel. Es war ein Spiel.

Du selbst warst fünfzehn, damals, als ich Euch kennenlernte. Es waren die schönen Tage von Ville d'Avray, die Zeit, da die Menuhin-Kinder im Park aufblühten; Kinder einer begnadeten Familie, in der stets gelächelt, gelacht und gespielt wurde.

Ist nicht auch die Musik eine Sprache unter den Sprachen? Ja – und nein! Einmal, da mich als jungen Germanisten die vielen gelehrten und tiefsinnig sein wollenden Kommentare zu Wagners Musik irritierten, fragte ich Dich: »Gibt es denn an der Musik etwas zu verstehen? Ich meine: mit dem Verstand zu verstehen? Sagt Musik etwas aus? Spricht sie?« Da erwidertest Du sofort und ohne zu zögern: »Nein.« Du brauchtest erst gar nicht nachzudenken, Du wußtest es ja bereits: an der Musik ist nichts zu verstehen und alles unmittelbar zu empfinden. Was sie uns zu sagen hat, das sagt sie und drückt es in ihrer Weise restlos aus. Was sie ausspricht, läßt sich mit Worten nicht einmal annähernd ausdrücken; und es gibt nichts anderes zu vernehmen als das, was sie sagt. Mit solcher Eindeutigkeit war meine Frage beantwortet worden, und die Angelegenheit war für mich erledigt.

Vielleicht könnte man auch denken, daß die Musik die Ursprache ist, die vor allen Sprachen da war und immer noch bei uns ist, selbst da, wo die Sprachen versagen und aufhören, bedeutend zu sein.

Es läßt sich auch sagen, daß – als Ursprache aufgefaßt – die Musik die einzige Sprache ist, wo nicht gelogen werden kann. Man hat gesagt, die Sprachen seien dem Menschen gegeben, um seine Gedanken zu verbergen: nur der reine Ton lügt nicht; nur er trügt nicht.

Allerdings teilt die Musik diese Eigenschaft mit einer anderen exakten Sprache, nämlich mit der Sprache der Zahlen, der Mathematik. Schon die Pythagoräer, aber auch viel später ein Deutscher, ein Schwabe, ein Schüler des Tübinger Stifts, der Astronom Johannes Kepler, haben die Struktur der Welt als stringente Harmonie aufgefaßt, d. h. als eine zugleich mathematische und musikalische Struktur verstanden. Wo die Sprachen der Menschen eben nur menschlich sind und lauter Approximationen bieten, sind Töne und Zahlen unmittelbarer und genauer Ausdruck des Wesens der Dinge: die reine Sprache des Seins.

Dabei muß ich an eine sehr bedeutende Gestalt der deutschen Romantik denken, die jedoch selbst in Deutschland unbeachtet geblieben ist, nämlich an Johann Wilhelm Ritter, über den sein Freund Novalis an Dorothea Schlegel schrieb: »Ritter ist Ritter, und wir sind nur seine Knappen.« »Wir, die Knappen«, das waren die Begründer der deutschen und der europäischen Romantik, die Jenaer Gruppe, Novalis und die Brüder Schlegel. Nun, dieser Ritter schrieb:

Wie das Licht, so ist auch der Ton Bewußtsein, jeder Ton ist ein Leben des tönenden Körpers. (...) Ein ganzer Organismus von Oszillation und Figur, Gestalt ist jeder Ton, wie jedes Organisch-Lebendige auch. Es spricht sein Dasein aus. Es ist gleichsam Frage an die Somnambüle, wenn ich den zu tönenden Körper mechanisch affiziere. Er erwacht vom tiefen, gleichsam Ewigkeits-Schlafe, er antwortet, und im Antworten (...) ist sich das Leben, der Organismus (...) seiner bewußt. Töne sind Wesen, die einander verstehen, so wie wir den Ton. Akkord, ein Tonverständnis untereinander (...) wird Bild von Geistergemeinschaft, Liebe, Freundschaft usw. Harmonie wird Bild und Ideal der Gesellschaft. Es muß schlechterdings kein menschliches Verhältnis, keine menschliche Geschichte geben, die sich nicht durch Musik ausdrücken ließe. Ganze Völkergeschichten, ja die gesamte Menschengeschichte muß sich musikalisch aufführen lassen, und vollkommen identisch. Denn der hier sprechende Geist ist derselbe wie der unsere. Im Tone gehen wir mit unsers Gleichen um. Dieser Umgang kann zum höchsten für uns werden, da hier darstellbar ist, was im Leben so schwer: ein idealisierter Umgang mit unserer Umgebung. Er kann uns für alles entschädigen, was wir im Leben vermissen.

Aus dem Umgang mit der Welt der Töne hast Du eine Lebensweise, einen Lebensweg, eine Existenz gemacht; die Existenz eines Nomaden, dem die Musik als Paß für die Reise um den Globus dient. Es gibt zwischen der Musik und dem Nomadentum ein vielleicht nicht restlos zu klärendes Verhältnis. In einem einzigen Fall ist es mir gelungen, dieses Verhältnis verstandesmäßig zu erfassen. Ich hatte eine Zeitlang Gelegenheit, mit Zigeunern freundschaftlich zu verkehren. Unter ihnen waren »gitanos« aus Spanien und Zigeuner aus Osteuropa. Einer der letzteren hieß Reinhardt und war der Vetter des berühmten Django Reinhardt. Ich hatte ihnen eine leere Zigarrenkiste geschenkt und auch Saiten beschafft; daraus hatten sie im Gefängnis eine kleine Gitarre zusammengebastelt. Sie erklärten mir, daß die spanische Gitarre und die Geige der Zigeuner die leichtesten und daher die am besten zu transportierenden Musikinstrumente, die überall, wo auch immer sie hinkämen, ja selbst hinter Schloß und Riegel, sofort zur Hand seien, ihnen Gesellschaft leisteten und bei fremden Menschen Gehör verschafften. Dieser Tradition waren Deine Freunde, der Rumäne Enesco, der Ungar Bartók, irgendwie verbunden und verpflichtet – und Du bist es schließlich ja auch. Wie schön sprichst Du von Deinen Geigen, die Dich überall begleiten und Dir so viel mehr bedeuten als »nur« Instrumente, leblose Gegenstände, für die man sie gewöhnlich hält. In Wahrheit sind sie Deine Partner, die Du befragst und die Dir antworten: gleichsam die Frage an die Somnambüle, um es mit den Worten Johann Wilhelm Ritters zu sagen.

Dies wirft aber eine Frage auf, die Du mir vielleicht, wie damals in Ville d'Avray, gleich beantworten würdest: besteht Musik denn nur aus Tönen, aus lauter nach einem gewissen Muster zusammengesetzten Tönen? Für mich ist Musik zuerst das Tönen eines Gegenstandes, sei es auch nur das Tönen eines Brettes, eines Glases, einer Blechdose: das Tönen von *etwas,* das ich gleichsam an seiner Stimme erkenne. Dann ist dieser Ton das Resultat der *Geste eines Menschen,* eine Geste, die ich mir vorstellen kann. Ich muß mir, sei es auch nur in den Tiefen des Unbewußten, vom affizierten Gegenstand und von der Geste des mit dem Gegenstand spielenden Menschen ein Bild machen können, das ich nachvollziehen kann. Sonst bin ich unbeteiligt; die Emotion bleibt aus. Was nur Ton ist und sich mit dem Tönen eines konkreten Gegenstands, mit der Geste eines Menschen nicht verbinden läßt, ist mir gleichgültig; ich höre weg.

Das würde aber eine Frage aufwerfen: das, was jetzt als neue, moderne Musik gilt, ist in einigen Fällen eben reines Tönen, elektronisch bestimmt und elektronisch erzeugt; es ist weder mit dem Klang eines Instruments noch mit der Geste eines Menschen zu verbinden. Kann das noch Musik heißen, oder sollte man nicht dafür einen anderen, entsprechenderen Namen erfinden?

Dies ist aber hier keine irrelevante, keine müßige Frage, denn ob solch eine elektronische Tonkunst die gleiche harmonisierende, beschwichtigende, heilige und heilende Wirkung hat wie die klassische, sagen wir, wie die orphische Musik, ob sie die Hörenden gleichfalls friedlich zu stimmen fähig ist, bleibt dahingestellt.

Und hier erblicke ich einen weiteren Zusammenhang zwischen der Musik und der Förderung des Friedens.

Du kennst wohl, verehrter Freund, den von Wilhelm von Humboldt definierten Unterschied zwischen *ergon* und *energeia*, zwischen Werk und Wirken. Seiner Ansicht nach gehörte die Sprache nicht zur Kategorie der *erga*, der Werke, des ein für allemal Getanen, sondern zur Kategorie der *energeia,* des Wirkens. Die Sprache als fertiges Gebäude gebe es nicht; die Sprache sei jeweilig nur im Sprechen da – eine geniale und höchst moderne Ansicht. In diesem Sinne ist Musik ebenfalls keineswegs etwas Fertiges, definitiv Abgeschlossenes, das in seiner Endgültigkeit vorhanden wäre. Die Partitur ist ein stummes Blatt, eine eigentlich mechanische Potentialität, solange sie nicht als ein organisches Wesen wieder auflebt, d. h., erst wenn sie der Interpret tönen läßt; wenn »es singt«.

So ist auch der Friede kein *ergon*, sondern eine *energeia*, und wird es nie sein. Der Friede ist kein Werk an sich, sondern ein ständiges Wirken, ein unermüdliches, unverzagtes Bemühen. In diesem Sinne ist wohl auch der Gedanke zu verstehen, den die Trägerin des letztjährigen Friedenspreises, Astrid Lindgren, an dieser Stelle aussprach (ich zitiere):

> Über den Frieden sprechen heißt ja über etwas sprechen, das es nicht gibt. Wahren Frieden gibt es nicht auf unserer Erde und hat es auch nie gegeben, es sei denn als Ziel. Solange der Mensch auf dieser Erde lebt, hat er sich der Gewalt und dem Krieg verschrieben.

Dies sei jedoch noch lange kein Grund zu verzweifeln, ganz im Gegenteil. Man müsse nur wissen, daß der Frieden kein Zustand ist, sondern ein Bestreben, von dem nicht zu erwarten, nicht zu erhoffen sei, daß es je ans Ziel gelange – wir sagen heute, kein *ergon*, sondern eine *energeia*: Energie.

Das wirst auch Du erlebt haben in den langen Jahren, wo Du als Präsident des Internationalen Musikrates der UNESCO aktiv warst.

Der Weltfriede als Zustand ist eine Utopie, und nicht einmal eine denkbare. So ist es. Wahrscheinlich ist es auch richtig und irgendwie gut, daß dem so ist, wenn uns auch nicht ganz verständlich ist, wie und warum. Die Musik besteht ja nicht aus lauterer Harmonie; auch die Dissonanzen gehören zu ihr; nur gelingt es ihr, sie gelegentlich und zur rechten Zeit aufzulösen.

Die letzten Sätze von Hölderlins *Hyperion*, die in Frankfurt geschrieben wurden, lauten:

Lebendige Töne sind wir, stimmen zusammen in deinem Wohllaut, Natur! (...) Wie der Zwist der Liebenden sind die Dissonanzen der Welt. Versöhnung ist mitten im Streit und alles Getrennte findet sich wieder. Es scheiden und kehren im Herzen die Adern und einiges, ewiges, glühendes Leben ist Alles.

Laßt die Rose nur jedes Jahr blühen. Laßt in jeder Generation Orpheus wiedererstehen. Laßt uns ihn erkennen, wenn er einmal unter uns lebt und wirkt.

Ciaccona.

Vor der Überreichung des Friedenspreises spielte Yehudi Menuhin die
Ciaccona aus der Partita in d-moll für Solo-Violine BWV 1004
von Johann Sebastian Bach

Yehudi Menuhin
Was ist Friede?

Was ist Friede? Bestenfalls doch ein sehr bedingter Begriff, der für einen jeden von uns eine andere Vorstellung erzeugt und eine andere Bedeutung enthält, je nach Person, Zeit und Ort – ein Ideal also, das jeweils nur in einem bestimmten Zusammenhang wirklich wird.

Niemals konnte der Friede größere Bedeutung und Sinntiefe haben als in Berlin im Jahre 1946. Ich kam mit meiner Frau Diana in die Hauptstadt einer großen Nation, die vom Krieg verwüstet war und zu tiefer, brennender Selbstprüfung und Gewissenserforschung erwachte; ja ich kam unmittelbar aus der Mitte Ihrer jüngsten Gegner, von Völkern, die das Opfer des Krieges waren, um Ihre Musik, unsere Musik, die universale Musik Beethovens zu spielen. Friede bedeutete zu jener Zeit so viel wie neu entzündeter Glaube, durstendes Verlangen nach erneuertem Vertrauen, Suche nach geistiger Ermutigung und materieller Hilfe bei der Wiederherstellung der Würde eines Volkes, beim Wiederaufbau der Wirtschaft einer Nation und bei der Verwandlung des Todesevangeliums in das der ewigen Werte des Lebens.

Sie werden deshalb verstehen, warum ich diesen Friedenspreis in tiefster Demut annehme; denn in jenen Tagen schien es, daß die Musik, die ich brachte, ein Symbol für alles das war, was die Welt, und Deutschland im besonderen, brauchte. Aber es war Beethovens Musik, die die Botschaft aussprach, ich war einfach der Überbringer. Mein einziger Anspruch ist der, daß ich in tiefster Seele wußte, daß kein anderer Komponist den Bann des jüngst erlebten Alptraums lösen, den Ausweg zeigen und jenen notwendigen Glauben wiederherstellen konnte, ohne den nichts Festes oder Bleibendes gebaut werden kann. Keines anderen Komponisten Botschaft hätte die Wucht und Wirkung der Beethovens gehabt. Und dies war die Botschaft: Hier habt Ihr Euere eigensten Worte, hier ist Euere eigenste Musik, dies ist Euere wahre Philosophie, innen liegen Euere wahren Emotionen, liegt Euer wahrer Intellekt. Dies ist die Kultur, dies das *wirkliche* Antlitz deutschen Denkens in seiner universalen Bedeutsamkeit.

Was mich betrifft, so war mir das ungeheuere Glück zuteilgeworden, mit ihr, der deutschen Musik, mein ganzes Leben lang zu leben. Deshalb war das entwürdigende Geschehen des Nationalsozialismus für mich totaler Verrat, der mich mit ungläubiger Entrüstung, mit leidenschaftlicher und wilder Empörung erfüllte, mit jenem Zorn, den wir alle haben, wenn der Mensch seine Werte und dabei sein wesentliches Selbst zerstört, wenn vor allem der Mensch in sich und in seiner Nation dem unheilvollen Abgleiten freien Lauf läßt, das unausweichlich abwärts in sittliche Unordnung und moralische Blindheit führt – Vorläufer immer des falschen Propheten und seines arglistigen Kreuzzuges. Meinem Herzen und Verstand waren sie von früh an lieb und teuer: die Symphonien Beethovens, die Dramen Schillers und Lessings, die Dichtungen Goethes, Heines und Hölderlins, und ich betete darum, daß diese gewaltigen Geister, der Deutschen wahres Erbteil, ihnen in den Tagen der Verzweiflung zu Hilfe kommen möchten.

Heute aber sind wir traurigerweise aufs neue gezwungen, uns daran zu erinnern, daß der Drang nach Macht und Reichtum, sei es individuell, sei es kollektiv, sofern er nicht durch höhere Werte in Schranken gehalten wird, was viel Kraft, viel moralischen und physischen Mut erfordert, allzu leicht zu Unzufriedenheit, Korruption und Krieg führt. Und nun haben wir dem allem in unserer untilgbaren Selbstsucht noch eine weitere Dimension hinzugefügt: In unüberbietbarem Zynismus verzehren wir unsere natürlichen Elemente, Luft, Wasser, Erde, die Flora und Fauna, von denen alles Leben abhängt. Hölderlins wunderbares Gedicht »Mein Eigentum«, geschrieben gegen Ende des 18. Jahrhunderts, erinnert uns daran, daß es eine höhere Macht gibt als die des Menschen, und mahnt uns, sie zu achten:

> Vom Himmel blicket zu den Geschäftigen
> Durch ihre Bäume milde das Licht herab,
> Die Freude teilend, denn es wuchs durch
> Hände der Menschen allein die Frucht nicht.

Es war Constantin Brunner, abermals ein Deutscher, dessen Philosophie die meinige geformt hat und der, zusammen mit seinem geliebten Spinoza, mir das sittliche und ich darf wohl sagen das (natur)wissenschaftliche Gerüst für mein Handeln und Denken gab. Umgekehrt würde es mir um so unverzeihlicher erscheinen, wenn ich fühlen müßte, ich hätte durch sorglose Haltung oder gedankenloses Handeln gerade diese meine Mentoren verraten, deren Werte ich zu bekennen suche – denn allein Unwissenheit oder Unschuld erlauben einen Spielraum hinlänglicher Entschuldigung für diejenigen, die nicht zu hoch zu fliegen versuchen. Brunner sagt über Spinoza: »Die erste Stufe der Seligkeit ist das Wissen von der Identität des Denkens mit der bewegten Dinglichkeit und das Sich-Wissen im großen einheitlichen Grundleben der Welt, das Sich-Eines-Wissen mit der Welt der denkend bewegten Dinglichkeit (vgl. Pneumatologie); die zweite ist das Bewußtsein von der Identität dieser relativ seienden Welt mit dem wahrhaft Seienden des Geistes.« Und er fährt fort: »Dieses beides denkend, die relative Wirklichkeit auf dem Grunde des absolut Wirklichen, hat Spinoza gelebt.«

Denn auch der Friede ist von doppelter Art, ein innerer und ein äußerer. Das große, unsichtbar in uns anwesende Wesen, dessen Abbild und Widerschein wir sein sollten, ist die konstante und universale Eigenschaft einer jeden lebenden Zelle; es hat teil an unserem Wachen und unserm Träumen, und sein Name ist *Gewissen,* wissendes Bewußtsein. Unsere *Vernunft* ist nur ein Merkmal der Kontinuität, denn wir können es uns einfach nicht erlauben, uns ein zerstücktes Universum vorzustellen, etwas ohne Vergangenheit und Zukunft und daher mit dem Ganzen Unverbundenes. Kein einziges Ereignis kann von seiner Vergangenheit oder Zukunft abgetrennt werden. Lao-Tse sagt: »Von zwei Streitern siegt der Denkende« – und ich bin fest davon überzeugt, daß derjenige, der die Vergangenheit und die Zukunft in sein Denken aufnimmt, tiefer und besser denkt als derjenige, welcher engstirnig nur die Gegenwart betrachtet. In dem Buch »Der Prediger Salomo« (»Ecclesiastes«) lesen wir:

Ich habe erkannt, daß alles, was Gott tut, ewige Geltung hat: man kann da nichts hinzufügen und nichts davon wegnehmen; und das hat Gott so eingerichtet, damit man sich vor ihm fürchte. Was da ist, das ist schon längst gewesen, und was geschehen wird, ist längst dagewesen; denn Gott sucht das Entschwundene wieder hervor.

(Kap. 3, vv. 14–15)

Was aber ist denn äußerer Friede, wieweit reicht er, was sind seine Begrenzungen? Ich möchte ihn definieren als das dynamische Gleichgewicht unzähliger Kräfte, sowohl einander streifender wie entgegengesetzter, die dauernd im Fluß sind. Wer sind unsere Mitmenschen, mit denen wir diesen schwer faßbaren Zustand des harmonischen Gleichgewichts zu gewinnen suchen müssen? In geographischer und kultureller Hinsicht wendet man sich ohne Zögern Europa und den Europäern zu, ohne eiserne Vorhänge oder Schranken irgendwelcher Art; denn der europäische Geist hat seinerseits, ob zum Vorteil oder Nachteil sei dahingestellt, die Amerikas, Australien, Südafrika und selbst Japan durchdrungen. Nie wieder dürfen wir brudermörderische Familienfehden, bittere Entfremdung und Bürgerkriege zwischen Europäern dulden. Unser griechisch-römisches, judäisch-christliches Erbe hat uns unsere angestammten Sprachen vermacht. Wir haben ein gemeinsames Testament, und in Tausenden und Abertausenden von Kirchen und Tempeln von der Irischen See bis zum Schwarzen Meer, von Granada bis Murmansk, wird Jesus Christus, der letzte der jüdischen Propheten unserer Bibel, als Mittler zwischen Gott und uns angerufen.

Alle großen Deutschen waren Europäer, in des Wortes wesentlicher Bedeutung. Auf dem Gebiete der Musik war Wien der Katalysator wegen seiner geographischen Lage am Kreuzweg Europas. Mozart schöpfte aus italienischen

Inspirationsquellen, ebenso Bach; die Türken ihrerseits hinterließen Spuren in der musikalischen Mode; Beethoven verarbeitete Weisen schottischer Volksmusik; Haydn zog von Esterhazy in Ungarn nach London zu den Salomon-Konzerten; Mendelssohn setzte sich dem rauhen Klima der Hebriden aus, und Händel wurde Ehren-Engländer. Unsere einzigartige europäische Zivilisation ist wie ein reicher, riesiger Komposthaufen, auf den unsere ganze Geschichte zum Fermentieren und Fertilisieren geworfen ist. So sollte in der Religion unser griechisches Erbteil teilweise von der christlichen Kirche absorbiert werden; und als die Zeit dafür kam, sollte die große heidnische Literatur, die uns von Griechenland und dem Antiken Rom vermacht war, die Renaissance illuminieren und damit den Samen jener Neugeburt legen, die der Grund unserer Wissenschaft, Kunst und Architektur wurde und mit der wir, das wollen wir doch nicht vergessen, uns auf innige Weise verbunden fühlten und in der wir ganz zu Hause waren.

In gewissem Sinne war die deutsche Welt hochkultivierter Fürstentümer viel bewußter europäisch als ihr lateinisches Gegenstück, die Stadtstaaten Italiens. Den germanischen Menschen verlangte es nach dem klaren mediterranen Licht, das dem Geheimnis und Zwielicht abhold ist. Der mediterrane Mensch war mit seiner eigenen Wirklichkeit beschäftigt und schickte sich an, Weltreiche zu erorbern, während der Deutsche, nahezu landumschlossen, seine Herrschaftsgebiete vor allem im geistigen Raum ausdehnte vermittels Visionen und Abstraktionen; denn er entwarf Konzepte des Lebens und der Gesellschaft, wie er sich vorstellte, daß sie sein müßten oder doch sein könnten, und in seinen großen Universitäten entfaltete er eine Befähigung zur Tiefe des Denkens und einen hohen Ernst, der ebenso profund wie nach innen gerichtet war. Wo die cartesianischen Franzosen emporblickten, hinein in Pascals »Espaces Infinis«, neigte der deutsche Geist dazu, in das Dunkel der menschlichen Psyche hinabzuschauen; und vielleicht erzeugte er damit in seiner Seele einen endemischen selbstquälerischen Zug, der ihn ständig mit sich selbst und der menschlichen Natur, ja mit der Natur schlechthin ringen ließ. Man denke an Heines furchterregend gespaltenes Bild des Doppelgängers und an jene Identifikatioslust des Menschen mit den Elementen, von der sie, trotz ihrer intellektuellen Kühnheit, niemals abließen; man denke an die Nebelhüllen Brahms'scher Musik, an Beethovens Pastorale, in der er die quecksilbrige Unbeständigkeit des Wetters im Salzkammergut einfängt, oder an Schuberts heimsucherisches »Wandern am Bach«. Dieses sind alles Bekundungen des mit den Elementen verbundenen universalen Menschen und der Grund dafür, warum das Zeitalter der Romantik auf höchst dramatische Weise sich in Deutschlands »Sturm und Drang« verwirklichte. Wie gefährlich ist aber doch die Doppelsinnigkeit der Vision des Kommenden; denn wenn sie vom Wege abirrt und sich zu *territorialen* Eroberungen anschickt, verrät sie unvermeidlich sich selbst. Indessen warnt uns andererseits die Bibel auch wieder: »Wo kein Rat ist, da gehet das Volk unter«. Wäre es möglich, daß der Begriff »Lebensraum« aus einer Furcht vor geschlossenen Räumen, einer Art geistiger Claustrophobie, eines mit intellektueller und physischer Kraft gleichermaßen begabten Volkes entstand, daß es die metaphysische Ausweitung, die es der ganzen Welt hätte bieten können, mit einer unheilvollen physischen Expansion verwechselte?

Wie glücklich konnte ich mich schätzen, daß ich zum

ersten großen Lehrer Georges Enesco hatte, einen Mann, der ein wahrer Europäer war. Ihm, dem Rumänen von Geburt, der durchdrungen war von dem ganzen Reichtum und der ganzen Farbigkeit des Volkstums seines Landes, der seinen Heimatboden, seine Heimatlandschaft und seine Kultur ehrfurchtsvoll liebte, mehr als die Konzeptionsenge seines Geburts-Staates, ihm war seine musikalische Welt in erster Linie Wien, sodann Paris. Als echter Europäer erkannte er in jeder Kultur ihre besondere Signifikanz – ein drolliges, etwas kauziges Beispiel dafür ist die Tatsache, daß er die Überfahrt über den Atlantischen Ozean immer auf einem britischen Schiff zu machen pflegte, denn Britannien, so sagte er, sei die Königin der Meere. Er sprach ein makelloses Deutsch, Französisch und Englisch und ist für mich bis auf den heutigen Tag der größte Mentor und Musiker geblieben, den ich je kennengelernt habe:

> Sie hören nicht die folgenden Gesänge
> Die Seelen, denen ich die ersten sang.

Der chronologischen Reihenfolge nach war mein nächster großer Europäer ein Franzose, niemand anders als Pierre Bertaux, dessen großherzige Worte heute mich mehr bewegt haben, als ich sagen kann. Er war es, der mit mir und meinen Schwestern Hephzibah und Yaltah, als wir fünfzehn, elf und neun Jahre alt waren, die Gedichte Hölderlins las. Seine Stimme klingt immer wieder frisch in meinem geistigen Ohr, wenn mir Hölderlins Verse in den Sinn kommen:

> Zufrieden bin ich, wenn auch mein Saitenspiel
> Mich nicht hinab geleitet; Einmal
> Lebt ich, wie Götter, und mehr bedarfs nicht.

Aber wahrheitsgemäß muß ich leider sagen, daß, anders als für Hölderlin, für mich ein »mehr bedarfs« gegolten hat. Jene ekstatisch-romantische Eigenschaft des deutschen Gemüts war meinem jugendlichen Alter und dem meiner Schwestern wohl angemessen, und unsere Träume zerbrachen nicht, als wir lasen:

> Beglückt, wer, ruhig liebend ein frommes Weib,
> Am eignen Herd in rühmlicher Heimat lebt,
> Es leuchtet über festem Boden
> Schöner dem sicheren Mann sein Himmel.

Dieser außerordentliche Mann, der soeben meine unverdiente Laudatio gehalten hat, läßt sich am besten mit den Worten Brunners charakterisieren: »Das wahrhafte philosophische Leben ist *vita contemplativa* und *vita activa*.« Ich bin tief bewegt und dankbar, daß meine Gastgeber diesen teuersten Freund einer fast fünfzigjährigen Verbundenheit eingeladen haben zur Erneuerung meiner Liebe zu deutscher Dichtung und Prosa und zur Bekräftigung meiner Überzeugung, daß allein unser Europa, diese reichste und mannigfaltigste Ansammlung der Menschheit aus Asien, dem Mittleren Osten und Afrika, mit seinen schrecklichen Kriegen, seiner einzigartigen Literatur, seinen blutigen Revolutionen, seinen unvergleichlichen Malern, seinen furchtbaren Seuchen, seinen Errungenschaften, seinem Versagen, seiner weltweiten Gabe musikalischer Harmonie, daß allein dies Europa dieser Welt das Beispiel des inneren und äußeren Friedens geben kann, der sich so hoffnungslos zu entziehen scheint und der solange unerreichbar sein wird, als der Mensch nicht erkennt, daß sein Überleben das Überleben des »Menschen« – und das der *ganzen* Menschheit ist.

Die europäische Gabe der Harmonie ist die Integration

vieler Stimmen in einem gemeinsamen Liede: dem Choral. Er, der das musikalische Gegenstück eines Parlamentes ist, in dem verschiedene Stimmen, deren Grundrhythmen und Grundsätze die gleichen sind, sich den Grundgesetzen gemäß, die ihr Zusammenwirken beherrschen, zusammenfinden, er läßt, in dem er *dauernde* Dissonanz verhindert, ständig die Auflösung von Dissonanz zu. Vielleicht so, wie Alexander Pope, der Dichter des frühen 18. Jahrhunderts, sagte: »Jedweder Mißklang ist nur nicht-verstand'ne Harmonie«. Aber wie können wir heute überhaupt vom Frieden reden in einer so zerrissenen und zerteilten, blutenden und grausamen Welt? Die theoretische Diskussion darüber hat Obertöne von Heuchelei – unsere Hilflosigkeit wird durch die Verbreitung von Wissensstoff durch Presse, Radio und Fernsehen nur um so größer und qualvoller; und so vervielfacht sich die neue Krankheit wie alle älteren Seuchen und lähmt fast noch den stärksten Willen; und Hand in Hand mit dieser wahllosen und unzusammenhängenden Information entsteht unter der wachsenden, orientierungslosen Masse die totale Entfremdung des wirklichen menschlichen Einzelwesens, das unter Bedingungen der Isolation und Folter zu leben gezwungen ist, entweder konkret oder in geistigem und psychologischem Sinn in unseren Großstädten. Diese Menschen, die der Ideale und der Erfüllung verheißenden Ziele beraubt sind, werden gezwungen, Ersatz-Ideale zu suchen, falsche Zielsetzungen und gefährliche Gefährten. »Les malheureux ne le sont pas toujours et même la fortune nous apprend par son inconstance que c'est aux malheureux à espérer et aux heureux à craindre.« Diese armen Menschen werden nie jenes beglückende Gefühl kennenlernen, das die Stimme Pierre Bertaux' in mein Leben brachte:

Froh kehrt der Schiffer heim an den stillen Strom,
  Von Inseln fernher, wenn er geerntet hat;
    So käm auch ich zu Heimat, hätt ich
      Güter so viele, wie Leid, geerntet.

Denn sie, die uns das himmlische Feuer leihn,
  Die Götter schenken heiliges Leid uns auch,
    Drum bleibe dies. Ein Sohn der Erde
      Schein ich; zu lieben gemacht, zu leiden.

Der entscheidende Unterschied zwischen den beiden po-
laren Gruppen ist ein extremer Gegensatz in ihrem Verhältnis zur Zeit. Sie – die Enteigneten – haben nur die
unmittelbare Gegenwart; mein – unser – Zeitverhältnis
umschließt Vergangenheit und Gegenwart und Zukunft.
Hölderlins »lieben und leiden« ist nicht ein Anderen-
Schmerz-Zufügen; es ist das Hinnehmen und das Sich-
dem-Schmerz-Fügen als einem Bestandteil des Lebens.
Für meine Denkungsart ist es gerade jenes (andere) Zeit-
bewußtsein, das nicht mehr Vergangenheit und Zukunft
mit einem Bogen umspannt, sondern bei der Jagd nach
einem Mythos, Glück genannt (das in Wahrheit nichts
anderes ist als die augenblickliche Befriedigung der Be-
gierden des Selbst auf jede erdenkliche Weise, sei sie gut
oder schlimm), uns unausweichlich auf das Hier und Jetzt
beschränkt. So wird Struktur zu Striktur, Weite der Gestalt zu Enge der Gewalt, und der Mensch, der mit Fes-
seln eigener Herstellung an eine unentrinnbare Schiene
gebunden ist, bricht aus in die Gewalttat.

Dies also ist unser Kampf, unsere Schlacht für den
Frieden. Friede nicht als ein passiver Begriff, der die Ver-
zichterklärung des Willens bezeichnen würde vor einem
solchen Übermaß an mißbrauchten Werten, verkehrten
Loyalitäten, an Rache, die als moralisches Kämpfertum

paradiert, von Terror als Fratze des Mutes. Wir alle müssen unser Äußerstes tun, um dieses furchtbare Schreckbild eines zum Helden gewordenen Ungeheuers aufzuhalten. Denn das ist es. Von einem Terroristenlager zum andern wird das menschliche Wesen unwissentlich mißbraucht, werden seine Loyalität, seine Visionskraft, seine Hingabefähigkeit und Stärke mit klinischer Kälte und teuflischer List in den Dienst irgendeines machthungrigen Herrn gepreßt; dabei wird seine Sehnsucht zu dienen und alles, was rein und treu ist in seiner Natur, zur Erfüllung zu bringen, vergiftet durch die Anstachelung und Aufreizung durch einen eigensüchtigen Führer, dessen wirkliche Macht in seinen hypnotisierten Jüngern liegt und in jenen zynischen Mächten, die ihn mit den Waffen unterstützen, ohne die sie so belanglos wären wie eine wütende Hausfrau, die eine andere über die Mauer hinweg schrill beschimpft.

Ist dies nicht Wahnsinn? Ist dies nicht William Butler Yeats'

»... rough beast, its hour come round at last,
Slouches towards Bethlehem to be born?«

Können wir nicht, wir Europäer, es aufhalten mit allem, was uns verblieben ist an Selbstverleugnung und Menschlichkeit in uns?

Ich glaube, wir können es. Als Kind glaubte ich, törichterweise, ich könnte dieses tun: durch mein Spiel eine Botschaft bringen, eine empfängliche Saite berühren. War das so verkehrt, so kindisch? Wenn ich selbst schon nicht davon überzeugt bin, viel getan zu haben, so kann ich Beispiele aus dem Kreise meiner Freunde und Gefährten anführen: Amnesty International, von deren selbstloser Arbeit Sie alle wissen; die Gesellschaft für bedrohte

Völker, Leiter Tilman Zülch; Green Peace, jene bewundernswerte Organisation, die Walfischpiraten auf hoher See verfolgt und stellt; oder Garry Davis' World Service Authority, die Flüchtlinge mit Pässen ausstattet – denn sie sind der starke Arm des Weltgewissens, die ersten Elemente einer weltweit geübten Gerechtigkeit, wozu kein Staat, seiner Definition nach, die Möglichkeit hat. Seit vielen Jahren kenne ich einen Israeli, der aller Friedenspreise würdig ist, die diese Welt zu vergeben hat: Joseph Abileah, ein Violinist aus Haifa, der mir die Ehre erweist, heute hier anwesend zu sein. Ein demütiger und bescheidener Mann, der fließend Arabisch spricht, hat er es seit den frühen Tagen des Staates Israel mit Gruppen junger Israelis, Jungen und Mädchen, unternommen, die Wohnungen arabischer Dorfbewohner wiederaufzubauen, die von der israelischen Armee zerstört worden waren. Er hat, zusammen mit gleichgesinnten Männern und Frauen, viele durchaus praktische und praktikable Wege zu einer Mittel-Östlichen Föderation durchdacht. Und uns allen mit Abstand weit überlegen und weit voraus ist da der große Ur-Prophet Alexander Solschenizyn – das uns alle aufrufende Gewissen des Menschen.

Der große irische Staatsmann Edmund Burke hat einmal gesagt: »Die einzige Voraussetzung für den Triumph des Bösen ist, daß gute Menschen nichts tun.« Wir müssen unser Schicksal annehmen, das Schicksal, für das Unerreichbare zu kämpfen, denn es gibt kein Absolutes, Endgültiges, und nur im Ringen um das Unerreichbare besiegen wir unser schlechtestes Selbst – ich wünschte, die Väter der Amerikanischen Verfassung hätten gesagt: »Leben, Freiheit, und das Streben nach dem Unerreichbaren«!

Inhalt

Die vier Reden, die zur Verleihung des Friedenspreises des Deutschen Buchhandels an Yehudi Menuhin gehalten wurden, sind zuerst im Börsenblatt für den Deutschen Buchhandel, Frankfurter Ausgabe, Jahrgang 1979 in Nr. 83 veröffentlicht worden.

Die Faksimilewiedergabe der Bach-Handschrift ist dem Band 655 der Insel-Bücherei entnommen. Der Abdruck erfolgt mit freundlicher Genehmigung des Verlages.

Satz und Druck von Johannes Weisbecker, Frankfurt am Main
Printed in Germany